धूप छाँव

ममता मुखर्जी

Made with ♥ on the Notion Press Platform
www.notionpress.com

पूजनीय माँ स्वर्गीय श्रीमती प्रीति कोना भट्टाचार्य
और

पूज्य बाबा स्वर्गीय श्रीमान इंदु भूषण भट्टाचार्य

को समर्पित

क्रम-सूची

क्रम-सूची

पावती (स्वीकृति)

आभार

मेरी नातिन अनघा बालकृष्णन (ख़ुशी)

पुत्रियाँ पुष्पिता बालकृष्णन

और जोयिता नीरकजे

1. सरस्वती वंदना

हे सरस्वती भगवती माँ , वरदायिनी नमोनम:,
विनत भाल युत शत् प्रणाम हे शारदे नमोनम:।

वंदना के मधुर स्वरों में भक्तिभाव अर्पित करे
स्वीकार्य हो तव चरणों में पुष्पांजली अर्पित करे
शुभ्रवसना, पद्मआसना, वीणा वादिनी नमो नम:
विनत भालयुत शत् प्रणाम हे शारदे नमो नम:!
ज्ञानपुंज से आलोकित कर, अंतर का अज्ञान हरो हे
ज्ञानसुधा बरसा कर मेरी ज्ञान पिपासा शांत करो हे।
हे वागिश्वरी, ज्ञान दायिनी ज्योतिर्मयी नमो नम:
विनत भालयुत शत् प्रणाम हे शारदे नमोनम
ऋषिमुनि स्तुति करे,जनगण मानस तेरे गुण गाये,
विद्या धन का दान मिले माँ जड़मति भी ज्ञानी बन जाये।
हे सुहासिनी, सुभाषिणी, विद्यादायिनी नमो नम:,
विनत भालयुत शत् प्रणाम हे शारदेनमोनम:।

2. मातृ वंदना

तेरी ही अनुकम्पा से माँ जग में मैं जानी जाती,
जब भी परिचय की बात चले, ओ माँ! तू बहुत याद आती।
तेरी कोख का एक अंश , तेरी ही कृति तेरी रचना!
तेरी बाँहे थाम कर ही , सीखा मैंने आगे बढ़ना ।
ब्रह्मा की मूरत में भी, तेरी ही छवि नज़र आती
जब भी सृष्टि की बात चले , ओ माँ ! तू बहुत याद आती।
तेरे दूध की एक बूँद का, ऋण क्या चुका पाऊँगी मैं ?
ओ करूणामयी, तेरी करूणा को कैसे भूला पाऊँगी मैं ?
धरती के कण कण में बस तू ही तू समा जाती,
जब भी करूणा की बात चले, ओ माँ ! तू बहुत याद आती।
मैं रोई दिल तेरा पाया, मैं जो हँसी तूने सुख पाया,
मैं जो कभी उदास हुई, बहा दी तूने स्नेह की धारा!
उन्हीं स्मृतियों की फुहार, अब भी मन मेरा भिगो जाती
ज़बभी 'ममता' की बात चले, ओ माँ ! तू बहुत याद आती।
श्रद्धा के शतदल तेरे चरणों में अर्पित करती हूँ,
ईश वंदना के आगे मैं तेरी पूजा करती हूँ।
तू जगधात्री , जगत जननी तू, तू ही दुर्गा बन कर आती,
जब भी श्रद्धा की बात चले, ओ माँ ! तू बहुत याद आती।

3. 'बचपन की याद में'

एक बचपन था,
पर वह तो बीत गया,
समय के अंतराल में
जाकर कहीं खो गया।
फिर भी खड़े इस पार क्यों पुकारती हूँ
बचपन को मैं बार बार?
फिर क्यों लौटना चाहती हूँ
मैं उस बचपन की ओर
जिसका अब कहीं कोई रहा नहीं है छोर?
फिर भी पाना चाहती हूँ
उस बचपन को बचपनों के बीच से
तभी कोई जगा देता है
मुझे इस भ्रमित नींद से
आती है आवाज़ अंतर से कहीं
समय चंचल है,
चलायमान है,
द्रुतगामी है,
ठहर पाया है वह एक जगह कभी?

4. 'निंदिया आओ' -- एक लोरी

निंदिया आओ ,निंदिया आओ,आँखों में सपने भर जाओ।

तारों की लड़ियाँ भी टूटी, दूर बहुत चंदा का टीका,
आसमान है भरा -भरा पर लगता वह आँखों को फीका,
धरती पर फिर स्वर्ग सजाओ , निंदिया आओ निंदिया आओ।

ढला दिवस तो रात आ गयी, ख़ामोशी सी यहाँ छा गयी,
पंछी भी छिप गए नीड़ में , लगता सबको नींद भा गयी,
सरगम के तारों में फिर से, लोरी का स्वर मुझे सुनाओ,
आँखों में सपने भर जाओ ,निंदिया आओ निंदिया आओ।

मम्मी -पापा मुझे सुलाते, मीठी बातों से बहलाते,
परी देश की परियों वाली रोज़ कहानी मुझे सुनाते।
लेकिन आज तुम आकर मुझको इंसानों की कथा सुनाओ
आँखों में सपने भर जाओ निंदिया आओ निंदिया आओ।

5. 'उलझन'

इक हूक कभी यह उठती है, जीवन से क्या हम पाते हैं,
लालच में जिसके बँध कर हम, दुनिया में भागे आते हैं?
कोई कहता है यह जीवन तो दु:ख से भरी कहानी है,
इन दु:खों से छुटकारा पाने में बड़ी परेशानी है।
लेकिन मुझको तो लगता,यह जीवन सुख का है सागर
जीवन में कुछ खोना होगा इसके सभी सुखों को पाकर।
कभी कभी निंदिया आँखों से, दूर चली जाती रातों में ,
मन भी मेरा उलझ जाता है, तारों की प्यारी बातों में ,
उस पल ऐसा लगता मुझको,क्यों न मैं तारा बन जाऊँ,
चमक चमक कर दूर गगन से भटके राही को राह दिखाऊँ
लेकिन तभी पाती हूँ अपने चारों ओर मैं घोर अँधेरा,
कभी कभी लगता जैसे हो चुका ज्ञान का पुण्य सवेरा।
अपने ही मन पर जब मुझे विश्वास नहीं है जीवन में ,
फिर मुझ पर विश्वास उदय हो तो कैसे सबके मन में
दे मैं सबको विश्वास सकू इतना भी मुझमें धैर्य नहीं
जीवन में मैं कुछ कर पाऊँ लगता है इतना शौर्य नहीं ।
मुझको यह भी मालूम नहीं मैं क्या हूँ, क्यों हूँ कैसी हूँ
लगता है जैसे दुनिया के बाक़ी लोगों जैसी ही हूँ ।
कहता है कोई कभी मुझे मैं सौदागर हूँ फूलों की
कोई हरपल निंदा करता उस मुझे बनाने वाले की।
कोई कहता है जीवन में मुझको काँटों से प्यार नहीं
कोई कहता है त्यक्त पुष्प को मैंने दिया दुलार नहीं ।
कभी कभी यह सब सुनकर जग लगता है विकराल शत्रु
लेकिन उसी पल ही दिख जाते कुछ आँखों में 'ममता' के अश्रु ।

6. 'जीवन के पथ'

जीवन तो यह हँसने को है, फिर क्यों मानुस रोते हो तुम?
सुख दु:ख तो जीवन के संगी, जीवन के संग रहते हरदम।

सुख दु:ख परिभाषा जीवन की देते आए है लोग सभी,
हर सुख पाकर कुछ दु:ख हमको भी सहना होगा कभी कभी।
फिर दु:ख को सम्मुख पाकर उससे, क्यों तुम यों कतराते हो?
फूलों को जब चुनना ही है काँटों से क्यों घबराते हो?
दुनिया में जब आये हो तो, दु:ख को भी हँस हँस सहलो तुम
जीवन तो यह हँसनेको है , फिर क्यों मानुस रोते हो तुम?

जीवन पथ पर काँटों को बाधक पाकर क्यों डिग जाते हो?
जीवन का नाम तो चलना है , क्यों बीच राह रुक जाते हो?
पथ पर बिखरे उन काँटों को साहस से चुन चुन दूर करो,
फिर जीवन पथ पर निर्भय होकर बढ़े चलो बस बढ़े चलो।
नतमस्तक हर बाधाओं के आगे क्यों हो जाते हो तुम?
जीवन तो यह हँसने को है, फिर क्यों मानुस रोते हो तुम

जीवनपथ पर बढ़ते रहना, मुड़ कर कभी न देखना ,
जो कुछ बीत गया है पीछे, उस पर कभी न सोचना।
वर्तमान की फ़िकर करो तुम,और सदा यह सोचो बात,
तुमको क्या कुछ करना होगा, आने वाले कल के साथ।
शुभ अशुभ जो बीत गया, क्यों उस पर आँसू बहाते हो तुम?
जीवन तो यह हँसने को है, फिर क्यों मानुस रोते हो तुम?

7. 'एक शाश्वत सत्य'

मृत्यु एक सत्य है,

शाश्वत है,

निश्चित है!

फिर क्यों रोते हैं हम किसी की मृत्यु पर?

फिर क्यों बरबस आँखों का बाँध तोड़ कर,

उमड़ पड़ती है आँसुओं की नदी?

क्यों दिल टूटता सा लगता है?

क्यों धैर्य छूटता सा लगता है?

जानते हैं हम इस सत्य को,

लौटकर नहीं आया

आजतक कोई वहाँ से,

जाना है हमें भी, एक दिन इस धरा से,

फिर क्यों लगती है मौत इतनी भयंकर?

कहीं यह एक दिखावा तो नहीं ?

कहीं यह एक छलना तो नहीं ?

कहीं दिल का मात्र भुलावा तो नहीं ?

रोने से हो जायेंगे दु:ख दूर सभी,

पर ऐसा नहीं हो पाया आज तक कभी

वापस न आ पाया कोई करूण क्रंदनों से

मुक्त हुआ एक बार जो सांसारिक बंधनों से।

फिर क्यों सिहर उठते हैं हम

मृत्यु की कल्पना से?

क्यों खड़े हो जाते हैं

रोंगटे यह सोच कर

करना होगा एक दिन
हमें भी आलिंगन इसी सत्य को?
लगता है सुदृढ़ है अभी मोह माया की जकड़न ,
तभी तो नहीं छूट पाते ,
'ममता' के यह बंधन।

८. इत्तफ़ाक़

जीवन क्या है?
एक खिलौना,
मिला है हमें इत्तफ़ाक़ से
दुनिया के मेले में एकदिन,
हाथ में लेकर खेलने के लिये
रोने मचलने के लिये,
हँसने हँसाने के लिये,
सुख दु:ख के मध्य,
कुछ क्षण जीने के लिये।
और मौत?
वो भी शायद मिलेगी
इत्तफ़ाक़ से एक दिन हमें
जब खो जायेगा
इसी दुनिया के मेले में ,
जीवन रुपी खिलौना इत्तफ़ाक़ से।
इत्तफ़ाक़ ही था जन्म लेना हमारा,
इत्तफ़ाक़ ही होगा
एक दिन अचानक
दुनिया के मेले से परे चले जाना।

9. 'मन की उड़ान '

उड़ चला ये मन, मेघों के संग सतरंगी इन्द्र धनुष रथ में ,
आशाओं के पंखों को फैला, उन्मुक्त हो नील गगन में ।

चपला जैसा चंचल होकर, वर्षा की बूँदों में बसकर,
मदमस्तपवन सा झूमता ये मन, सावन के मौसम में क्यों ?
सौंधी ख़ुशबू बन छा जाता, श्यामल से शोभन उपवन में ,
उड़ चला ये मन मेघों के संग सतरंगी इन्द्रधनुष रथ में ।

पर्वत शिखरों पर मँडराता , निर्झर झरनों के संग गाता,
नदियों के संग इठलाता ये मन , सावन के मौसम में क्यों ?
बिन पायल के थिरकता है, उन्मादित होकर वन पथ में ।
उड़ चला ये मन मेघों के संग , सतरंगी इंद्र धनुष रथ में ।

बन मोर ये मेघ मल्हार गाता, मृग शावक सा कुलाँचे भरता,
बनकर भँवरा गुंजन करता मन, सावन के मौसम में क्यों ?
बन राज हंस विचरन करता, सुदूर मान सरोवर में ।
उड़ चला ये मन मेघों के संग, सतरंगी इंद्र धनुष रथ में ।

10. यह तन्हाई कैसी?

यह तन्हाई कैसी ?
यह अकेलापन कैसा?
कितने ही लोगों से मिली हूँ मैं
कितने ही लोगों में घिरी हूँ मैं
सभी मुख खोल रहे हैं
कुछ न कुछ बोल रहे हैं
फिर भी दिल के चारों ओर छाया
यह सूनापन कैसा?
यह तन्हाई कैसी?
यह अकेलापन कैसा?
सभी हैं मेरे कितने पास
फिर क्यों है दूरी का अहसास
लगता आवाज़ें आती दूर से कहीं
कहीं बढ़ती जाती दिलो की दूरी तो नहीं ?
अपनो के बीच रहकर भी
यह परायापन कैसा?
यह तन्हाई कैसी?
यह अकेलापन कैसा?

11. प्रयाण -गीत

ओ महादेश के महा वंशधर, आज का दौर तुम्हारा है,
बनो महावीर रहे उन्नत सिर, यही आज के युग का नारा है।

मत भाग्य- भरोसे बैठो तुम बाधाओं को ठोकर मारो
अपने मेहनत के बल पर तुम, भाग्य लकीरें बदल डालो।
बनो कर्मवीर बनो कर्मनिष्ठ यही आज के युग का नारा है।

वीर भूमि के वीरों की संतान वीर फिर भय कैसा?
शौर्य भूमि के शौर्यवान संतान को यह विस्मय कैसा?
बनो शूरवीर , बनो रणधीर यही आज के युग का नारा है।

जिस धरती से जीवन पाया, उसका क़र्ज़ चुकाना है
मानव होकर जब जन्मे हो, मानवधर्म निभानाहै
बनो धर्मवीर, बनो धर्मनिष्ठ यही आज के युग का नारा है।

12. मेरी संगी ये कवितायें है

जीवन की धूप- छाँव से सजी हुई रचनाएँ हैं , मेरी संगी ये
कविताएँ हैं।

कविताओं से बातें करती, दु:ख- सुख मैं बाँट लेती,
कविताएँ ही मेरी सखी, दिल के दर्द भाँप लेती,
इनमें छिपी हुई कितनी ही अनकही गाथाएँ हैं, मेरी संगी ये
कविताएँ हैं।

यह दुनिया कितनी विशाल, कितनी विस्तृत, कितनी अपार!
पर कोई नहीं जो , दुर्गम पथ पर, संग चलने को हो तैयार
बँधी हुई एकाकीपन से जीवन की सीमाएँ हैं, मेरी संगी ये कविताएँ
हैं।

कविताएँ जो ना होती, कैसे मैं यह जीवन जीती,
अपनो ने जो दिया है मुझको, कैसे वो गरल पीती!
निराश मन को बहलाने इनमें संचित आशाएँ हैं, मेरी संगी ये
कविताएँ हैं

13. समय की छलना

स्वर्ण दिनों को पिंजड़े में , रखना चाहा मैंने बंद कर,
नहीं मना सकी निर्मोही को, वो 'समय' चला मुझको छलकर।

सपने कितने देखे मैंने , अरमां कितने मचले दिल में ,
जीवन संघर्ष भी था लेकिन, हर-पल, हर-क्षण इस जीवन में ।
सपने टूटे, अरमां रुठे , अब देख रही हूँ मैं थमकर,
नहीं बाँध सकी उस निर्मम को, वो ' समय' चला मुझको छलकर।

जीवन पथ पर चलते- चलते, कुछ पाया मैंने कुछ खोया
साथी छूटे, अपने बिछुड़े , कितना ही मेरा दिल रोया।
जो बिछड़ गये फिर क्यों न मिले? यही सोच रही हूँ मैं रुक कर।
नहीं पकड़ सकी उस निष्ठुर को, वो ' समय' चला मुझको छलकर।

कहते है जिसको उपलब्धि, लगता वह केवल छलना है,
ऊँचे चढ़ते हर राही को, नीचे का ही रूख करना है।
आयु के इस ढलान से, अब उतर रही मैं भी थक कर,
नहीं रोक सकी उस निर्दय को, वो 'समय' चला मुझको छलकर।

14. दर्द भरे हँसते चेहरे

देखते हैं सब हँसते हुए चेहरे
पर क्या किसी ने देखा है
उसके पीछे अंतर में छिपी वेदना
जहाँ कुछ है
टूटा-टूटा सा
उखड़ा -उखड़ा सा
बिखरा-बिखरा सा
जमती जाती हैं जहाँ दर्द की तहें अनेक
कोई भी क्षण जब कुरेद देता है उनको
लगता है मौत आ गई समय से पहले
अपनी ही ज़िन्दा लाश को
ढोना भर शेष है
आख़िरी मंज़िल तक
फिर भी खिंच जाती है
होंठों पर बरबस
मुस्कुराहट की एक लकीर।

15. तरंग तरंगिणी और उमंग

तरंग

मैंने देखा है सिंधु को
देखा है उसकी विशाल तरंगों का
तीव्रता से बढ़ना तट की ओर
मानो सीमा तोड़कर
निकल पड़ेगी
अपने इच्छित पथ पर
इच्छित लक्ष्य की ओर
देखा है
उनका किनारे से टकराकर
चूर- चूर हो जाना
अपने बिखरे अस्तित्व को समेटकर
सागर की गहराई में लौट जाना।
देखा है
यही क्रम बार- बार लगातार
सोचती हूँ
ये लहरें क्यों नहीं करती विद्रोह?
क्यों नहीं सीमा तोड़कर
चल पड़ती अपनी मंज़िल की ओर
पर
उन्हें विद्रोह करने का नहीं है अधिकार
ना ही है स्वतंत्रता करने की सीमा पार

सागर तट पर खड़े - खड़े कई बार

सुना है मैंने

लहरों का चीत्कार हाहाकार

समुद्र के भीषण गर्जना के बीच

सुना है

लहरों की सिसकियों को मैंने

देखा है

उनका छटपटाना, तड़पना , सिसकना

महसूस किया है, उनके दर्द को

दिल के किसी कोने में मैंने।

ये लहरें कितनी विशाल!

पर कितनी विवश ! कितनी बेबस!

तरंगिणी

मैंने देखा है

छोटी-छोटी सरिताओं को

देखा है

उनका उन्मुक्त स्वच्छंदता से बहना

इठलाते हुए, इतराते हुए,बलखाते हुए

अपने इच्छित पथ पर, इच्छित लक्ष्य की ओर

दृढ़ता से बढ़ना ।

कोई नहीं रोक पाता उन्हें

बाधाओं से लड़ते हुए

पाषाणों को धकेलते हुए

वृक्षों को उखाड़ते हुए

अपनी गति धीमी व तीव्र करती

स्वयं अपनी सीमा निर्धारित करती

ख़ुशी से फूलती उछलती

बढ़ती जाती है अपनी मंज़िल की ओर

मिल ही जाती है प्रियतम रत्नाकर से वो।

देखा है मैंने तट पर खड़े -खड़े
तटिनी का थिरकना खिलखिलाना
सुना है उनकी कलकल करती मधुर संगीत को
महसूस किया है
उनके हर्ष को, उल्लास को, उमंग को
अपने दिल के किसी कोने में मैंने ।
ये नदियाँ कितनी छोटी
पर कितनी स्वतंत्र! कितनी सक्षम!
उमंग
मानव मन की स्थिति ऐसी ही है
कुछ तरंगों सी, कुछ तरंगिणी जैसी ही है
कुछ उमंगें उठती है सागर की लहरों सी
बाहर आने से पहले तोड़ देती है दम अपना
दिल के किसी कोने में दब जाती बनकर एक सपना।
कुछ उमंगें उठती है चंचल नदियों सी
सभी सीमाओं को तोड़कर
परिस्थितियों को मोड़कर
बढ़ जाती है अपने लक्ष्य की ओर
पा ही लेती है अपनी मंज़िल को वो।

16. जश्न का मौक़ा

मन की उमंगों को खुलकर निकलने दो
ख़ुशियों के तरंगों को उठने दो उठने दो।
जश्न का मौक़ा है आज रोको ना टोको ना
उठते हुए क़दमों को यों ही थिरकने दो।

आओ-आओ सखी आओ, सखा आओ साथी आओ
झूमो नाचो मुस्कुराओ मस्ती में डूब जाओ
बजने दो पायलियाँ चूड़ियाँ खनकने दो
ढोलक की थाप पर गीतों को सजने दो
जश्न का मौक़ा है आज,रोको ना टोको ना
उठते हुए क़दमों को यों ही थिरकने दो।

क्यों रहे हम उदास करे हास- परिहास
भेदभाव भूलकर आए सभी पास- पास
मन की कली खिलने दो दिल को दिल से मिलने दो
आशाओं के परों को आसमां में उड़ने दो।
जश्न का मौक़ा है आज रोको ना टोको ना
उठते हुए क़दमों को यों ही थिरकने दो।

17. मन करता है मैं पूछूँ

मन करता है मैं पूछूँ उस नील विशाल अंबर से

तेरी विशालता की छाँव तले,

निर्बल पर अत्याचार हुए

अन्यायी फिर क्यों फूले- फले?

कितने सपनों की चढ़ी बली?

कितने अपनो की चिता जली?

फिर भी न फटी तेरी छाती,

फिर भी न तेरी चेतना जागी,

फिर क्यों न संहारक बनकर, तू टूट पड़ा उन दुष्टों पर?

यों मूक मौन साक्षी बनकर, निर्लिप्त रहा क्यों सदियों तक?

मन करता है मैं पूछूँ उस प्रकाश पुंज दिवाकर से

तेरे दिन के उजाले में

कितने काले धंधे पनपे

कितने दुराचारी जन्मे

इन्सानों की छाती पर कितने

हैवानों ने ताण्डव नृत्य किये

फिर क्यों न भस्म किया उनको,

जो मानवता के शत्रु थे?

फिर क्यों न बुझी तपिश तेरी लाखों नयनों के अश्रु से?

यों मूक मौन साक्षी बनकर निर्लिप्त रहा क्यों सदियों तक?

मन करता है मैं पूछूँ सुन्दर सलोने सुधाकर से

तेरी स्वच्छ धवल ज्योत्सना में

कितने आँचलों को मैला किया
पापियों के कलंकित हाथों ने?
कितने निर्दोष पीड़ित हुए
अत्याचारों के घातों से?
पर यौंही तू घटता बढ़ता रहा
आकाश मार्ग पर चलता रहा
क्या राहू केतू का भय था राक्षसों को न पकड़ सका?
यों मूक मौन साक्षी बनकर, निर्लिप्त रहा क्यों सदियों तक?

मन करता है मैं पूछूँ टिम टिम करते उन तारों से,
तुम्हारी टिमटिमाती रोशनी में ,
दुनिया कैसे पथभ्रष्ट हुई?
नैतिकता कैसे नष्ट हुई?
मानवता क्यों कर पस्त हुई?
धरती माँ क्यों अभिशप्त हुई?
रोशनी न दिखायी क्यों उनको
जोअंधकार में भटक गए?
फिर क्यों न उबारा उन सबको कुकर्मों ने जिनको जकड़ लिए?
यों मूक मौन साक्षी बनकर निर्लिप्त रहे क्यों सदियों तक?

अनगिनत प्रश्न है अन्तर में , ब्रह्माण्ड उन सबका उत्तर दो,
यहाँ सिसक रही है मानवता, अब तो इसका उद्धार करो।

18. होली के रंग

कृष्णजी के देश में , गोपों के वेष में .
मस्तों की टोली आई होली के रंग लिए।
चहुँओर शोर है, रंगों का ज़ोर है,
खेल रहे होली सब मन में उमंग लिए।
गली-गली धूम मची, मस्ती में झूम उठी,
बच्चों की टोली आई पिचकारी संग लिए।
गालों में सजते गुलाल, पीला, नीला, हरा लाल,
घूम रहे आज सभी भीगा- भीगा अंग लिए।
सखियाँ सब नाच रही, पायलियाँ बाज़ रही,
थिरक रहे सखा सब हाथों में मृदंग लिए।
रंगों की बहार है, ख़ुशियों की फुहार है,
करते परिहास सभी मन में तरंग लिए।

19. जल परी

कौन है वह जल परी दिखाती पानी में कितने करतब?
कभी उलटती कभी पलटती, करती कभी वह छप छप छप।

बुड़- बुड़ कर बुल बुले बनाती पानी में वह कभी अनेक,
देख उसे हर्षित हो जाते देखने वाले जन हर एक।
कभी किनारे आ जाती वह , कूदती पानी में फिर धप,
कभी उलटती, कभी पलटती, करती कभी वह छप छप छप।

अरे! यह तो है ख़ुशी रानी , दीदा की मानिक प्यारी,
अपने इन्हीं गुणों के कारण, बनी है यह सबसे न्यारी।
हाथ घुमाती, पैर चलाती पानी में करती थप थप,
कभी उलटती कभी पलटती, करती कभी वह छप छप छप।

20. बादलों का आह्वान

ओ काले मतवाले बादल, गरज- गरज कर जल बरसाओ,
दामिनी सज्जित विजय रथ मेहराज नभ-पथ पर लाओ।

अम्बर प्यासा, धरती प्यासी, कृषकों के मुख छाई उदासी
मोर के मेघ मल्हार पुकारे, अमृत की बूँदे टपकाओ।

पशु खग तृष्णा से आकुल है, मानवजन भी सब व्याकुल है,
पेड़ -पौधे सब तुम्हें निहारे, शीतल जल की धार बहाओ।

कब अम्बर से पानी बरसे, सावन के झूले को तरसे,
निश्छल बालाएँ पुकारती जलधर उमड़ घुमड़ कर आओ।

ऋतु रंग

21. ग्रीष्म ऋतु

है राष्ट्र ऋतु यह ग्रीष्म काल ,आया लेकर उष्मा विशाल,
यौवन के तेजों का प्रतीक, आया चलकर प्रचण्ड चाल।

फिर रौद्र ने ताण्डव शुरु किया, फिर सूर्य का अग्नि वाण चला,
किसके पौरुष के दहक में यों, अनाचारों का देह जला?
विजयी ज्वाला में तपकर पृथ्वी का उन्नत हुआ भाल।
है राष्ट्र ऋतु यह ग्रीष्म काल, आया लेकर उष्मा विशाल।

झुलसाती लू में तपकर, मानव का तन मन दग्ध हुआ,
नदियाँ सूखी जंगल सूखे, भूमंडल सारा तप्त हुआ।
निरंतर जलती अग्नि शिखा पर बिराजे महाकाल।
है राष्ट्र ऋतु यह ग्रीष्म काल, आया लेकर उष्मा विशाल।

बहता पवन यह मंद मंद, शुभ्र ज्योत्स्ना में स्वच्छंद,
लेकर आता यह अपने संग, सुवासित हिना की सुगंध ।
अमृत फल रसराज आम प्रकृति ने सजाया डाल -डाल।
है राष्ट्र ऋतु यह ग्रीष्मकाल, आया लेकर उष्मा विशाल।

22. वर्षा -ऋतु

मन -भावन पावस ऋतु आई, आली चले ठंडी पुरवाई,
बरसे नीरद झिर-झिर झिर-झिर, कुंज-कुंजहरियाली छाई।

घिर आई घनघोर घटाएँ, मेघाच्छन हुई चहु दिशाएँ,
तन भीगा , मन मेरा भीगा, सखी बरखा फुहार मन भाए।
बादल गरजे, दामिनी दमके, रिमझिम की बाजे शहनाई।
मन भावन पावस ऋतु आई, आली चले ठंडी पुरवाई।

रूप बदलते, रंग बदलते,मेघ-माल तुम आए किधर से?
करने तुष्ट सभी की तृष्णा, आसमान से जलधर बरसे।
सुन चातक की करूण याचना , इन्द्रराज की सेना आई।
मन भावन पावस ऋतु आई, आली चले ठंडी पुरवाई।

मतवाले मस्ताने बादल, निर्झर झरनों पर मँडराते ,
पर्वत शिखरों से टकराकर, जल बन नदियों में मिल जाते।
वर्षा से मिलकर माटी में , सौंधी सुगंध समाई।
मन भावन पावस ऋतु आई आली चले ठंडी पुरवाई।

23. शरद् ऋतु

शरद् ऋतु आई , हाँ शरद आई,
गुलाबी जाड़े को साथ अपने लाई।

वर्षा कभी की थम चुकी, मेघ सब छँटने लगे,
रंग बिरंगे पुष्प गण बाग़ों में खिलने लगे,
नील कमलिनी ने ली, झूम कर अँगड़ाई ।
शरद ऋतु आई हाँ शरद ऋतु आई।

नदियों का वेग थम गया, कीचड़ भी मानो जम गया,
स्वच्छ नील अम्बर तले, सुस्ती से मानव जगगया।
शक्ति रस भरने शक्ति पूजा घड़ी आई।
शरद ऋतु आई हाँ शरद ऋतु आई।

शरद पूर्णिमा का चाँद, आकाश पर आ गया,
दुधिया चाँदनी में अब, सारा जहाँ नहा गया।
हरी-हरी दूब भी ,ओस में नहाई।
शरद ऋतु आई हाँ शरद ऋतु आई।

24. शीत ऋतु

जूही चमेली हरसिंगार ,से कर अपना श्रृंगार,
हेम रथ पर हो सवार, शीत ऋतु आई है द्वार।

चाँदी सी गोरी सरिता, गा रही मंगल गान,
प्रकृति ने भी पहना है, स्वागत में श्वेत परिधान।
पहन कर तुषार हार , शीत ऋतु आई है द्वार।

पर्वत शिखरों पर, हिम किरीट शोभायमान,
ओस बिन्दु में नहाया,धरती का सारा उद्यान
लेकर गुलाबों की बहार, शीत ऋतु आई है द्वार।

बर्फ़ गिरती, ठंड बढ़ती , प्राणी करते हाहाकार,
ठिठुरती सी रात में , करते सुबह का इन्तज़ार ।
लेकर ठंडी बयार , शीत ऋतु आई है द्वार।

25. पतझर का मौसम

मन की उदासी का प्रतीक, वैराग्य दिल में जगा गया,
पतझर का मौसम आ गया।

दानी वृक्षों ने दिया, निज पत्र धन सब दान में ,
आशा में कि वो पायेंगे , नई कोपलें प्रतिदान में ।
पत्र- विहीन वन- उपवन, चहुँओर विराना छा गया।
पतझर का मौसम आ गया।

सूखी डालियाँ दे नहीं पाती पथिक को छाँह अब,
सूखे अधर , सूखा है मन, मिट गई है चाह सब।
शुष्क चलती ये हवा विरक्ति भाव जगा गया।
पतझर का मौसम आ गया।

अवसाद में भी हैं कहीं निर्माण की चिनगारियाँ ,
नव पल्लवों के स्वागत की करते सभी तैयारियाँ।
आती बसन्ती ये हवा आशा नई जगा गया।
पतझर का मौसम जा रहा,
पतझर का मौसम जा रहा।

26. बसंत ऋतु

ऋतु -राज बसन्त आया, नवयुग का संदेश लाया।
कर परास्त शिशिर सेना को,आनन्द रस बरसाया।

गुन-गुन भँवरे करते गुंजन, करते फूलों का मुख चुम्बन,
बलखाती इठलाती तितली,करती बसन्त का अभिनन्दन।
कोयल पपीहे ने सम सुर में कीर्ति गान सुनाया।
ऋतु-राज बसन्त आया।

मलय पवन के हिंडोले में आम्र - मंजरियाँ झूमती
नई-नई कोमल कोपलें तरूगण के मुख को चूमती।
टेसू पलाश सरसों ने धरती को महकाया।
ऋतुराज बसन्त आया।

नवजीवन की बही तरंग, फागुन के रंगों के संग,
बजते थाल ,मंजिरे, मृदंग, मन में लेकर नई उमंग,
जन- गन नाचे संग-संग, थिरक रहे है अंग अंग।
पीत-वसन से प्रकृति माँ ने धरती को सजाया।
ऋतु-राज बसन्त आया। ऋतु राज बसन्त आया।

'राष्ट्र-भक्ति के गीत'

27. वीरों को प्रणाम

स्वतंत्रता की बलिवेदी पर प्राण न्योछावर करने वाले,
मातृ-भूमि रक्षा हेतु तन मन अर्पित करने वाले,
उन क्रान्ति-कारियों को प्रणाम, उन वीर सैनिकों को प्रणाम।

मृत्यु को आलिंगनबद्ध कर, हमको जीवन-दान दिया,
फाँसी के फन्दे में बंध, मुक्ति का वरदान दिया।
स्वतंत्रता के वृक्ष को निज रक्त से सिंचित करने वाले,
जन्म-भूमि पर मिटने वाले,जन्म-भूमि पर मरने वाले,
उन क्रान्ति कारियों को प्रणाम, उन वीर सैनिकों को प्रणाम।

भारत माता के सपूत मरकर अमर हो गए सभी,
उनके बलिदानों की गाथा क्या भूला पाएँगे कभी,
स्वतंत्रता की दिव्य ज्योति यों प्रज्वलित करने वाले,
देश प्रेम के महाव्रत में यों दीक्षित होने वाले,
उन क्रान्ति कारियों को प्रणाम उन वीर सैनिकों को प्रणाम।

28. ध्वजा -प्रशस्ति

ऊँचा रहे अनन्त काल तक, प्रिय राष्ट्र का ध्वजा हमारा ,
रंगों का शाश्वत है संगम, अपना यह तिरंगा प्यारा।

वीरों की गाथाओं का, बलिदानों की कथाओं का,
प्रतीक बनकर नभ पर छाया, केसरिया रंग लगता न्यारा।

ऋषियों की सच्चाई की, संतों की अच्छाई की,
श्वेत सदा ही दर्शाता है, जीवन की अनोखी धारा।

खेतों की हरियाली को, धरती की अँगड़ाई को,
अपने में संजोये है, हरित रंग यह हमको प्यारा।

चलते रहे सदा हम सब, जीवन के दुर्गम पथ पर,
प्रगति का दे रहा है हरदम,अशोक चक्र अभेद्ध नारा।

29. प्यारी माटी भारत की

भारत भूमि हमको प्यारी, ओ माँ तुझ पर हम बलिहारी,
इस जग में हमको लगती है, तेरी माटी सबसे न्यारी।

इस धरती पर जन्म लिया ,खेले कूदे हम खड़े हुए,
तेरा अन्न हवा जल सेवन, करके ही हम बड़े हुए।
करूण हृदय तेरा विशाल, तेरी माटी माँ उपकारी।
भारत भूमि हमको प्यारी ओ माँ तुझपर हम बलिहारी।

ऋषि मुनियों की पावन भूमि, संतों की, विद्वानों की,
वीरांगनाओं की जननी यह , वीर सपूत सयानों की।
गौरवमय इतिहास समेटे तेरी माटी चमत्कारी।
भारत भूमि हमको प्यारी, ओ माँ तुझपर हम बलिहारी।

तेरी छत्र- छाया में उत्पन्न गीता, वेद, पुराण की रचना,
सभी जाति और सभी धर्मों ने सीखा मिलजुल कर रहना।
तेरा आँचल आश्रयदात्री , तेरी माटी पालनहारी।
भारत भूमि हमको प्यारी, ओ माँ तुझपर हम बलिहारी।

30. भारत का सौन्दर्य

हे भारत माँ तेरा रूप ,अलौकिक,सुन्दर मोहिनी,
प्रकृति माँ के वरदानों से, धन्य अलंकृत सोहिनी।

उज्जवल हिम का ताज दमकता,सजता उन्नत भाल पर,
कल-कल करती सरिताओं की शोभित माला वक्ष स्थल पर,
रत्नाकर की पायल पग में छवि तेरी लोभिनी।
हे भारत माँ तेरा रूप अलौकिक, सुन्दर मोहिनी।

सुनील अम्बर छांव में शस्य-श्यामल तेरी धरती,
फल-फूलों से लदे वृक्षगण, बरबस सबके मन को हरती।
वन-उपवन में सँवरी पहने हरियाली की ओढ़नी ।
हे भारत माँ तेरा रूप अलौकिक सुन्दर मोहिनी।

31. राष्ट्र वंदना

वसुन्धरा में सबसे प्यारी, सब देशों से न्यारी न्यारी
करते तुझे शतश: प्रणाम हम, पावन भारत भूमि हमारी

मस्तक पर धवल हिमाद्रि, बनकर मुकुट सजता है,
पद कमलों को जलधि तरंगित, प्रक्षालन करता है,
सरिताओं के जल से सिंचित , धन- धान्य से पूर्ण धरा यह,
श्यामल कानन, शोभन उपवन सबका मन भाती मनोहारी
करते तुझे शतश: प्रणाम हम,पावन भारत भूमि हमारी।

तपस्वियों की तपोभूमि यह, वीरों की है वीर भूमि यह
राम, कृष्ण गौतम की जननी, शांति भूमि यह, शौर्य भूमि यह
गीता उपदेशों से गुंजित, कई धर्मों की जन्म दायिनी,
गौरवमय इतिहास है तेरा, माँ तुझपर हम बलिहारी
करते तुझे शतश: प्रणाम हम पावन भारत भूमि हमारी।

32. आह्वान गीत

आओ ऐसा वतन बनाए, दुनिया भर में हम छा जाए,
भारत माँ के गौरवमय इतिहास को हम फिरसे दोहराए।

भूल जाए हम जाति धर्म को,याद रहे यह बात जरासी,
जन्म लिया भारत भूमि में ,बस हम सब हैं भारतवासी।
देश प्रेम का पाठ पढ़ाकर , ज्ञान की न्यारी अलख जगाए,
आओ ऐसा वतन बनाए,दुनिया भर में हम छा जाए।

भूखे जन को मिले अशन, नंगे तन को मिले वसन,
गृहहीन को भवन मिले, धन-धान्य पूर्ण हो जीवन।
'सोने की चिड़िया' भारत को वर्तमान में ला दिखलाए।
आओ ऐसा वतन बनाए, दुनिया भर में हम छा जाए।

विद्या लहर बहे ऐसी, भारत जन बने सभी विद्वान,
जग सीखे हमसे मनुज धर्म , जग पाए हमसे ज्ञान दान।
विश्व गुरु भारत की धूमिल छवि को हम फिर से दमकाएँ ।
आओ ऐसा वतन बनाए , दुनिया भर में हम छा जाए।

'लॉक डाउन को समर्पित

33. अधूरे जीवन के अधूरे सपने

घबरा कर अकेले पन से,
करने लगी बातें दीवारों से,
भूल गई,
निर्जीव दीवारों से सम्भव नहीं कोई वार्तालाप,
फिर भी मैं करती रही प्रयास,
धीरे -धीरे दीवारें बतियाने लगी,
नित नए प्रश्न पूछने लगी,
मेरे जीवन का लेखा- जोखा,
मुझसे ही माँगने लगी,
जीवन में क्या-क्या पाया मैंने विशेष?
क्या-क्या खोया?
क्या बचा है अब शेष?
भ्रमित सी , परेशान सी,
लौट गई अतीत की ओर,
लगी भटकने अतीत की गलियों में ,
उत्तर पाने की आस लिए।
धीरे- धीरे समझ गई,
जीवन का अंकगणित मैं ,
जीवन में बहुत कुछ पाया है मैंने ,
खोया भी है बहुत कुछ मैंने ,
जो बचा है अब शेष,
वह है--

एक अधूरा सा जीवन,
कुछ अधूरे से सपने।

34. क्या कभी किसीने सोचा

क्या कभी किसी ने सोचा था?
एक समय ऐसा भी आएगा अपने ही घर में बन्दी बन
तकते रहेंगे खिड़की से परे
बिस्तर पर लेटे-लेटे निरर्थक,
घूरते रहेंगे छत को।
मित्रों से मिलने को तरसेगी आँखें ,
गले लगाने को मचलेगी बाँहें
कितने पास फिर भी होगी कितनी दूरी।
क्या कभी सोता था
ऐसी भी होगी मजबूरी?

क्या कभी किसी ने सोता था
एक समय ऐसा भी आएगा,घर से बाहर जाना होगा दूभर
छत पर बैठे नील गगन में ,
स्वच्छन्द उड़ते बादलों को देखकर,
सोचेंगे काश! ऐसा होता,हम भी बादलों की तरह
उन्मुक्त उड़ पाते,
पंखहीन पंछी सा न मिल पायेगा,
सपनों को आकार।
क्या कभी सोचा था
ऐसे हो जाएँगे हम लाचार?

फिर भी धन्य है हम,
जन्मे इस काल खण्ड में,

जहाँ कोई प्रश्न उत्तरहीन नहीं ,
कोई भी समस्या समाधानहीन नहीं ,
बीत जायेगा यह समय भी,
वॉट्सएप पर चर्चा करते हुए,
विडियो कॉन्फ्रेन्सिंग द्वारा
एक दूसरे को देखते हुए,
ज्ञान पिटारी से निकाल निकाल कर,
दिव्य ज्ञान बाँटते हुए।

35. चंचल मन

यह मन तो बहुत चंचल है स्थिर नहीं रह पाता है।

जब सर-सर करती हवा चले, संग उसके यह चल देता है,
दूर बसे प्रियजन के गालों को छूकर आ जाता है।
यह मन तो बहुत चंचल है, स्थिर नहीं रह पाता है।

घिर आये जब घनघोर घटा,मेघों संग विचरन करता है,
दूर सुदूर क्षितिज का, मुख चूम आ जाता है।
यह मन तो बहुत चंचल है, स्थिर नहीं रह पाता है।

जब रात उतरती है जग में , यह तारों संग बतियाता है ,
चाँद की बूढ़ी दादी से, क़िस्से सुनकर आ जाता है।
यह मन तो बहुत चंचल है, स्थिर नहीं रह पाता है।

हम बैठे घर में बन्दी बने, मन को न कोई बाँध सका,
भू में, नभ में, सागर तल में ,स्वच्छन्द घूम आ जाता है।
यह मन तो बहुत चंचल है, स्थिर नहीं रह पाता है।

36. नन्ही सी मुनिया

नन्ही सी मुनिया , प्यारी सी मुनिया,
डाल-डाल फुदकती फिर दाना चुगती,
फुर्र से उड़ जाती, सलोनी सी मुनिया।
दुनिया के संकट से,बिल्कुल अनभिज्ञ सी,
निर्विकार, निश्चिंत,निर्भयी सी मुनिया।
घर के प्राँगण में , चमेली की डाल पर,
मुनिया के जोड़े ने,
तिनके चुन-चुन कर,
घोंसला अपना बनाया,
अंडे दिए ,
होने लगा बच्चों का इन्तज़ार।
फिर हमने देखा,
डरे से, सहमे से,हिचकिचाते हुए,
दो बच्चे मुनिया के,घोंसले से बाहर आए ,
डाल-डाल फुदके,फिर घोंसले में लौट गए,
उड़ते फुदकते फिर घोंसले में लौट जाते।
यही क्रम कुछ दिन यौंही चलता रहा,
बड़े हुए बच्चे और फुर्र से उड़ गए।
एक ओर घोंसला ,बनाती सी मुनिया,
सृजन के कर्म में , संलग्न सी मुनिया।

37. यादें

उम्र के इस पड़ाव में ,
अकेले पन की छाँव में ,
यादों की लहरें आती है,
मन को छूकर चली जाती है।
ये यादें मुझको ले जाती,
मेरे बिछड़े बचपन की ओर,
जहाँ गली में खेले आँख मिचौली,
छत पर हाथ पतंग की डोर।
उन्मुक्त स्वछन्द सा जीवन,
उस काल खण्ड में मैंने जिया,
माँ की ममता, बाबा का स्नेह,
भाई बहनों का प्यार मिला।
मेरी यादों में आते हैं,
मेरे प्रियजन जो दूर बसे,
ऐसा मुझको तब लगता,
मानो ख़ुशियों के बादल बरसे।
साथी संगी जो बिछड़ गए,
जीवन यात्रा में पिछड़ गए,
चढ़कर के यादों के रथ में ,
आ जाते सब मेरे पथ में ।
दे जाते वो कुछ पल की ख़ुशी ,
दे जाते होंठों को वो हँसी।

38. समय बड़ा बलवान

समय के हाथों की कठपुतली हम सारे इन्सान,
समय बड़ा बलवान रे बन्धु, समय बड़ा बलवान।

समय का पहिया चलता आया,कोई न इसे रोक पाया,
राजा, रंक , फ़क़ीर जो भी हो,समय ने सबको भरमाया।
समय जो न दे साथ तो हम सब,भूले ख़ुद अपनी पहचान।
समय बड़ा बलवान रे बन्धु , समय बड़ा बलवान।

समय को सभी पकड़ना चाहे,समय फिसल-फिसल जाये,
बीत गया जो समय अतीत में ,वापस वो न लौट आये,
इसीलिए ज्ञानी जन कहते, मत करो समय का अपमान।
समय बड़ा बलवान रे बन्धु, समय बड़ा बलवान।

एक समय वो भी था जब हम,निर्भय घूमा करते थे,
और आज ये हाल है, हम बाहर जाने से डरते हैं ,
जाने कब फिर से पायेंगे, समय का हम वरदान।
समय बड़ा बलवान रे बन्धु, समय बड़ा बलवान।

39. एकान्त का शोर

ये एकान्त बहुत शोर मचाता है।
इसके स्वरों का कम्पन कानों से टकराकर ,
अन्तर मन में उतर जाता है।
ये एकान्त बहुत शोर मचाता है।
असंख्य मुख है इसके,
चहुँ ओर से ध्वनित होता है,
मैं समझ नहीं पाती कुछ भी,
बिन कहे बहुत कुछ कह जाता है।
ये एकान्त बहुत शोर मचाता है।
दिन का उजाला हो या फिर हो रात का अन्धेरा,
कहीं भी लगा लेता ये एकान्त डेरा,
शूल सा नि:शब्द स्वर इसका,
कानों को भेद जाता है।
ये एकान्त बहुत शोर मचाता है।
सुप्त सी हो जाती पंछी की चहचहाहट,
लुप्त सी हो जाती वायु की सरसराहट,
मेरे मन मस्तिष्क में केवल,
इसका स्वर मुखरित हो जाता है।
ये एकान्त बहुत शोर मचाता है।
ये एकान्त बहुत शोर मचाता है।

www.ingramcontent.com/pod-product-compliance
Lightning Source LLC
Chambersburg PA
CBHW020937160726

47993CB00007B/2833